AF599970

NOLI ME TANGERE

Isidro Mora López

Aliarediciones

© Isidro Mora López
© Noli Me Tangere
© ALIAR 2015 Ediciones S.L.

Corrección: Eladia Guerrero
Diseño de cubierta: Laura S. Ayuso
Maquetación: Aliar Ediciones

Depósito Legal: GR 1384-2024
ISBN: 978-84-10374-76-8

Impreso en España

Edita
ALIAR Ediciones
www.aliarediciones.es
info@aliarediciones.es

La reproducción total o parcial de este libro, por cualquier medio, no autorizada por los autores y editores, viola los derechos reservados y las leyes sobre la propiedad intelectual.
Cualquier utilización debe ser previamente autorizada.

NOLI ME TANGERE

Isidro Mora López

SANTA TERESA, MALDITO EL DÍA EN QUE TE LEÍ

Todo cuanto escriba a partir de ahora será un fracaso. Asumirlo en la primera línea que escribo desde hace semanas es la única forma de legitimar que aún siga escribiendo, pese a la decepción que causa en mí toda expresión de la vida terrenal.

Tenía los dedos hinchados como un octogenario con retención de líquidos, solo que en mis dedos lo que estaba retenido eran palabras, incontables palabras hacinadas en la punta de mis dedos, que no hallaban poro a través del cual salir al exterior. Las palabras se mezclan, se cruzan entre sí, intercambian sus letras formando un amasijo de grafías incomprensible, tras el cual resta latente la idea. La idea no es la imagen proyectada en nuestra conciencia de los objetos del mundo exterior, no. La idea siempre ha sido una, aunque tantos nombres se le atribuyan, y responde a la extraña conciencia del ser humano sobre lo absoluto. Digo «extraña» porque, pese a sentir en nuestro interior su crueldad, no hay objeto real ni imaginario que responda plenamente a esa idea.

Los impulsos emergen desde un lugar desconocido, al que —tan solo por entendernos— denominaré «deseo», aunque realmente imagino la oscuridad abisal del fondo oceánico, el magma del núcleo terrestre o la distancia infinita del espacio. Imagino que los deseos emergen de un lugar así de profundo, así de lejano, misteriosamente ubicado en la menudencia de un cuerpo vivo. Un lugar que se expande más allá de cualquier límite, carente de fronteras, pero encerrado paradójicamente en la más tangible de ellas: la carne, como si hubieran introducido a presión el fondo del mar, el núcleo de la Tierra, la cúpula celeste, incluidos los límites desconocidos por la astrofísica, todo junto, apretado, como una maleta de «por si acasos», todo mezclado hasta reventar... dentro del cuerpo de un ser humano.

Así, el impulso se manifiesta en el interior del cuerpo rindiendo homenaje a sus orígenes, pues tan inmensa es la intensidad con la que agita nuestros órganos como el espacio inabarcable del que proviene. Sin embargo, cuando el impulso cruza las fronteras cutáneas inevitablemente pierde su fuerza y se hace visible en el mundo exterior, de forma raquítica y débil, frente a la grandeza de cuando era invisible. Cada gesto, cada palabra, cada expresión humana es una triste sinécdoque de cuanto alberga en su interior.

Esta sensación de insuficiencia ha mantenido mis manos paralizadas frente a la hoja en blanco este tiempo, así como suele mantener mi boca cerrada en cada momento de la vida que demanda posicionarse. Nunca me mojo. Mi aparente frialdad oculta una extremada sensibilidad a la violencia que subyace bajo cualquier discusión. Me resulta tan hipócrita la expresión ya manida: «discutir como personas adultas». ¿Qué significa «discutir como personas adultas»? ¿No llegar a las manos? ¿No llegar a las manos anula la violencia intrínseca del conflicto? Creedme si os digo que ante cualquier discusión «adulta» navega en el ácido de mi estómago un bastión de hombres iracundos dispuesto a teñir el mar de sangre enemiga... Pero tan infinita es la ira como la conciencia que advierte, que señala, que culpa los desastres futuribles de mi ira. De las plantas de mis pies brotan llamas de fuego que envuelven mi cuerpo, mientras mi pelo llueve, como una nube gris sobre la cabeza, tratando de ahogar las llamas. Tan absoluto es mi deseo como mi conciencia sobre la imposibilidad de los deseos.

Me gustaría poder decir que en realidad me mantengo en silencio por ser fiel a la verdad, pero yo simplemente callo. Ante el desastre, cierro la boca. No es lo mismo permanecer en silencio que callarse. El silencio requiere la valentía de afrontar la nada absoluta, pero callar es la hija bastarda del silencio. Uno se calla por cobardía, por miedo a que le corten la lengua en el mismo acto de hablar. Sin embargo, me perturba también el convencimiento de que todo aire articulado en palabra se pervierte en el mismo momento de su transformación. Aquello mismo que ha dotado al ser humano de conciencia sobre la verdad, justamente por ser consciente de su poder, pervierte la verdad en pro de su misma conservación, puesto que toda verdad se dirige, coronada de flores, hacia camposanto. Hablamos porque no nos queda más remedio. Hablamos por la misma razón que escribo esto. Por no morirse. Por no morirse... Buscamos en el lenguaje una excusa que nos reconforte del dolor que conlleva mirar cara a cara a la verdad, pero esta no atiende a palabras ni lenguajes. La verdad es un fluido oscuro y viscoso que navega por nuestros vasos sanguíneos, y cuyo pausado movimiento tan solo puede sentirse en soledad.

Confieso que mi único consuelo estos días ha sido hallar espacios de soledad absoluta donde poder permanecer verdaderamente en silencio. No callar, no callar... Estar en silencio. En el silencio, me inunda la sensación de no ser absolutamente nada. Frente a la imposibilidad del Todo, emerge la Nada, como la aproximación más fiel a la verdad absoluta de la muerte. La mirada se me empaña y siento que mi cuerpo se desmaterializa fundiéndose en una blancura sin límites. Me reconozco en esa blancura ausente de forma, más que en mi figura reflejada en el espejo. Me reconozco en la ausencia más que en mi presencia en esta vida.

¿Cómo hacer para vivir entonces, Dios mío? La mayor parte de mi tiempo vivo abstraído de la vida real. Más allá del arte y sus mitos, siento que la realidad tiene poco que ofrecerme. Todos mis deseos son intangibles. De entre todas las expresiones de lo mundano, salvo solo al arte como templo dedicado a la belleza, cuyo monumento se erige sobre la libertad de los sueños. Si no fuera por la hoja en blanco... Si no fuera por el perímetro ritual de la escena... ¿Qué haría con estas ganas de morirme si no pudiera escribirlas? ¿Qué haría con el miedo a morirme si no pudiera gritarlo a los cielos? ¿Qué haría con todos estos deseos imposibles en la vida real? ¿Qué haría con mis entrañas, que son las entrañas de una mujer, si Naturaleza condenó mi alma a la fisionomía del hombre? ¿Qué haría con este deseo de ser una mujer, cuando sé que todo intento por feminizar mi aspecto es un burdo maquillaje para ocultar el deseo absoluto de ser la mujer que yo soy? Algún día me dejaré crecer el pelo e incluso saldré a la calle con una falda tan solo por calmar la disforia intermitente que me genera este asunto, pero sé que nada en esta vida, ni siquiera arrancándome la polla a mordiscos e incrustándome un coño en su lugar, me convertirá en la mujer que yo realmente soy. La mujer que yo soy es una constelación en el espacio infinito de mi subconsciente. La mujer que yo soy se viste con túnicas de tiempos pasados y vive arrodillada con las manos imprecando al cielo, pidiéndole a gritos amor, amor, amor, AMOR. La mujer que yo soy está muerta. Ha muerto tantas veces como amó a un hombre. El día que me muera por el amor de un hombre, ese día seré, sin necesidad de maquillaje, la mujer que yo soy. El día que me muera tal vez comprenda algo sobre lo que soy. Cuando uno deja de ser, tal vez comprende la verdad sobre lo que realmente es. El día que me muera tal vez llegaré a ser lo que realmente soy...

Hay que joderse.

Todo cuanto yo haya escrito sobre el dolor hasta ahora no han sido más que payasadas y mentiras. Nunca había sentido una angustia tan profunda como la de estos días. Mi existencia es una conjura entre la razón y los instintos. ¿Qué hago, Dios mío, con estas ganas de vivir si la muerte emerge en la vida cotidiana, como una suerte de destino irrevocable, como la verdad última de mi propia existencia? ¿Qué hacer con estas ganas de vivir si el único sentido que hallo es el morir? ¿Por qué deseo vivir tanto como deseo morir? Todo intento por vivir me resulta una ilusión falaz, un oasis que nubla la aridez de la verdad. La muerte es la única respuesta veraz ante las preguntas que la vida no es capaz de responder. Aun así, la gente se empeña en buscar una respuesta en esta vida. Se escuda en el amor a los suyos, en disfrutar de los buenos momentos y todas esas cursiladas que no consiguen sino entristecerme más. ¿Por qué yo no soy capaz de apreciar esas cosas? ¿Por qué tan solo observo la belleza en la destrucción, en las ruinas, en unas manos que se retuercen, que arañan, que asesinan? ¿Por qué, pese a esta conciencia sobre la muerte, seguiré vivo? ¿Qué clase de maldición es esta? ¿Por qué siento más miedo a la muerte cuanto más pienso en ella? ¿Por qué siento tanto miedo a morirme si, en el fondo, deseo morirme, Dios mío, DESEO MORIRME? ¿Por qué deseo morirme tanto como deseo vivir? Los tristes no nos suicidamos por no querer vivir, sino porque nuestro deseo de vivir es demasiado grande para este mundo. Esta angustia que yo siento no es fruto del deseo de morirme. También desean morirse los niños, cuyo inocente deseo les empuja constantemente a poner sus vidas en peligro mientras se ríen. Esta angustia que yo siento es una pregunta tatuada en mis sienes:

¿Cuánto tiempo seré capaz de vivir sin esperanza?

SOBRE LA DIGNIDAD (EN ESTOS TIEMPOS MODERNOS)

El deseo destierra la dignidad en el ser humano. Allí fuera —estoy escribiendo desde mi casa, concretamente desde la soledad de mi habitación— las personas caminan por la calle, orgullosas. Las personas caminan con todos sus derechos encima, puestos sobre la ropa. Caminan orgullosos de sus derechos luciéndolos como ornamentos con un alto valor. «Porque soy humano puedo habitar la calle con orgullo». El mero hecho de ser humano me otorga la dignidad para andar con orgullo por la calle... Me siento profundamente incómodo. El orgullo de la gente al caminar me hace sentir incómodo porque yo no camino con orgullo por la calle. Por la calle yo camino con vergüenza, ¿de qué? Camino con la vergüenza encima, como si anduviera desnudo entre una multitud vestida de Prada. Camino como si no tuviera el derecho de caminar por la calle. Me siento profundamente indigno.

La otra noche acudí a un cine en Valencia. Yo soy de Alaquàs, un pueblo de extrarradio a las afueras de la capital. ¿Qué dosis de indignidad otorga la palabra *extrarradio* a cualquier ciudad? Siempre he sentido vergüenza de mi pueblo. Siempre hablo con vergüenza de mi pueblo, sobre todo cuando hablo con gente de la capital. Desprecio a mi pueblo de extrarradio para otorgarme un tanto de dignidad a mí mismo, ensalzando Valencia, la capital, la cumbre de la dignidad valenciana. Todo está en Valencia. Me siento profundamente acomplejado andando por Valencia. Es curioso que todos los hombres a los que he amado han sido de la capital. Todos hombres dignos por vivir en Valencia. Aquella noche de cine, por mitad de una digna calle del centro de Valencia —¿qué dosis de dignidad otorga ser *el centro* de Valencia?— cruzó un hombre vestido con una chaqueta negra, raída, demasiado grande para su complexión delgada, desnutrida. Las mangas sobrepasaban sus manos y la capucha cubría por completo su rostro dejando un hueco oculto en su interior. Me pareció ver a la misma Muerte —la indigna— cruzar la calle en mitad de la noche. La Muerte hablaba sola. Despotricaba en un idioma desconocido. Sin embargo, pude entenderla perfectamente. Aquel hombre, cuya indignidad apartaba a su paso a toda persona digna de pisar la calle, clamaba contra la propia dignidad. Su andar violento y apresurado era una respuesta contra la agresión de la dignidad urbanita. En aquel momento, sentí el impulso de correr detrás de él; abandonar a las personas que me acompañaban para alcanzar a aquel extraño hombre y abrazarlo, restregarme en su ropa sucia, en su piel sucia, besar su boca sucia, tragarme su aliento agrio y practicar una felación en su pene sucio, recubierto de esperma y orines resecos en mitad de una digna calle del digno centro de la digna capital valenciana. Quería recubrirme de la indignidad de aquel ser, acompañarlo en su marcha acelerada y sembrar juntos el caos con nuestros sonidos guturales por las calles de la capital... Había encontrado en aquel vagabundo loco un reconfortante espejo en el que verme reflejado.

En estos tiempos modernos, la dignidad es un bien al alcance de cualquier mequetrefe. Los intereses capitalistas han convertido la dignidad en un producto de compraventa asequible incluso para la clase trabajadora. La dignidad es empoderamiento y el empoderamiento es la excusa perfecta para quemar las tarjetas de crédito. Se asfixia la tristeza con bolsas de Inditex, empachos de *sushi* y entretenimiento blanco —blanco, en todos los sentidos de la palabra—. Cada mes, la gente guarda parte de su sueldo para invertirlo en su propia dignidad. Pero, liberaos de toda preocupación, personas pobres, porque la dignidad, en estos tiempos modernos, no es solo una cuestión monetaria. Basta con tener *actitud.* Puedes ser terriblemente pobre, pero una buena *actitud* puede salvarte de la indignidad.

Deberíamos, tal vez, remontarnos a aquellos tiempos en que la Iglesia católica hacía hogares con la piel de brujas, maricones y sátiros de diversa índole. El asfixiante prohibicionismo histórico del catolicismo, paradójicamente, no ha hecho más que instigar su propia pérdida de influencia sobre la sociedad. El dogma cristiano acotó la experiencia religiosa humana al cumplimiento de las normas de conducta extraídas literalmente de las Sagradas Escrituras. El deseo de transgredir las leyes divinas fue condenado bajo el nombre de «pecado» y, desde entonces, la transgresión quedó excluida de la experiencia religiosa. Desaparecieron los recintos rituales donde poder cumplir, sin consecuencias, los deseos imposibles, amparándose en el marco de una ficción propia de los sueños. Pero el deseo jamás desapareció.

Hubo quien siguió el camino recto de la Iglesia y empeñó toda su frustración de ser censurado en convertirse en el censor de su amado prójimo. Yo también los llamo hijos de puta. Otros, sin embargo, se entregaron por completo a su propio deseo, liberándose de todo temor o culpa. Así, perdieron su condición humana y devinieron bestias que actuaban en los márgenes de la sociedad. La marginación, en cambio, se quedó corta para los transgresores. La incomodidad de no ser privilegiado sumada a la furia acumulada tras años de represión moralista creó el más peligroso monstruo jamás conocido: el ateísmo «progre». Los ateos «progres» contraatacan —de manera pueril, a mi modo de ver— a quienes negaron su deseo, negándoles su Dios. Actúan desde el absoluto resentimiento contra la Iglesia católica, cayendo en una trágica contradicción: negando de manera absoluta a Dios se dan de bruces nuevamente con la idea de Dios. No es pensamiento, sino puro sentimentalismo y absurda nostalgia por los muertos entre las llamas de la Inquisición. Los ateos «progres» quieren restaurar la dignidad de los muertos en la hoguera reivindicando espacios en la sociedad para todo aquello que fue condenado. No les basta con ser descendientes de aquellas bestias que creó la represión católica, viviendo al margen de todo temor moral, sino que además pretenden instaurar tal manca actitud como paradigma de lo digno. Desean hacer ley de su propia transgresión bajo el amparo de grandes sustantivos como el progreso, la tolerancia, la libertad, la igualdad y la democracia, pero en realidad solo han conseguido desdibujar la esencia de la transgresión: el mal por el mal, el derroche de energías sin un fin pragmático más que el cumplimiento del deseo íntimo. Una transgresión descafeinada es su legado. Porque es condición *sine qua non* de la transgresión la ausencia de toda ley como una profunda conciencia de la propia ley. La transgresión ha de ser por necesidad horripilante, monstruosa, amorfa para que la ley se vea reforzada. El orgullo de la transgresión anula la conciencia sobre el peligro del deseo. No, no digo que la existencia de orientaciones e identidades sexuales heterodoxas sea peligrosa. Me refiero a que maquillar el deseo de dignidad oculta el peligro de cerrar los ojos ante la violencia de los deseos más profundos, los que conectan directamente al individuo con la muerte: suicidas y homicidas.

Sin embargo, los ateos «progres» son plenamente conscientes del peligro. Por eso, su orgullo y su dignidad se reducen a los deseos permitidos socialmente, aquellos que «no hacen daño a nadie», y se convierten en los nuevos censores, en los nuevos inquisidores de todo aquello que se sale del margen de transgresión establecido por ellos mismos. El ateísmo ha parido otros dioses. La historia se repite, una y otra vez. Ya no es la Iglesia católica, sino la opinión pública y mediática la que quema gente en la hoguera, respaldada no por el pensamiento y la reflexión, sino por Amancio Ortega. A nadie le ha rentabilizado más que a Amancio Ortega la defensa de los derechos —o la sobrevictimización— de las mujeres, de las personas LGTBIQ+ y demás damnificados de la historia. Por eso, muestro aquí mi más absoluto desdén por la dignidad en estos tiempos modernos. La gente digna es gente orgullosa de sí misma, ciega ante la maldad de la condición humana. Ahí reside el peligro: el individuo que no se odia a sí mismo hará de su mierda virtud. Y cuando la mierda le rebose, hará lo posible por ocultarla tras un discurso buenista, adscribiéndose a cualquier causa justa, defendiendo a toda víctima de una injusticia... Pero en la oscuridad de la noche, cuando nadie puede ver, su acción contradirá toda palabra enunciada por tal lengua viperina.

Por mi parte, presento aquí mi renuncia a cualquier tipo de dignidad. Me considero una persona indigna. Execro fealdad a raudales para encomendarme al bien. De cualquier apelación directa al bien, desconfío... De cualquier persona digna, yo desconfío.

Soy la persona menos digna de este mundo.

NOLI ME TANGERE

PRÓLOGO

I

El principio es confuso:

la negrura espesa en el orificio de una vagina,

una imagen frontera con lo ausente.

Puesto que no hay forma que pueda expresar lo amorfo,

las tinieblas son un augurio,

un sonajero que invoca a la angustia,

haciendo presente lo que está ausente.

Así, en el primer llanto el pecho se desgarra,

igual que una vagina en el parto,

perpetuando con cada nacimiento, con cada vida,

la angustia del vacío.

II

Tengo en mi pecho un orificio del mismo tamaño
que tu polla.

Mi sensación de vacío, de ausencia, es proporcional
a las dimensiones de mi deseo.

Esta angustia que yo siento no son más que ganas
de lamer tu miembro viril.

III

Ausencia y plenitud pierden su significado particular,
al dinamitarse los márgenes.

Por ausencia de todo o por carencia de nada, el todo
y la nada se desvanecen en lo amorfo; en aquello
que no está delimitado de ninguna forma.

Dolor y *deseo* son significantes caducos.

El hambre los arrastró hasta el oscuro estómago
de la ballena.

IV

Esta angustia que yo siento no es sino el deseo
de morirme en tu lengua.

De precipitarme por el acantilado de tus clavículas.

Amor mío, quiero hacer un retrato de mi muerte
que tenga tu rostro.

V

«Serre-moi fort, Antoine. Serre-moi fort. Serre-moi jusqu'à ce que je ne puisse plus respirer. J'ai peur qu'un jour tu ne veuilles plus danser avec moi».

«Abrázame fuerte, Antoine. Abrázame fuerte. Apriétame hasta que ya no pueda respirar. Tengo miedo de que un día ya no quieras bailar conmigo nunca más».

Patrice Leconte, de *Le mari de la coiffeuse.*

1.ª PARTE: EL AMOR, TODO

1. EL LAMENTO DE DIDO: ENTREGARSE ES CLAVAR LA ESPADA EN LA HERIDA ABIERTA

Para el primer hombre al que amé.

«Me voy y creo no haberte conocido». Estas fueron tus últimas palabras antes de marcharte para siempre. Desde entonces, me pregunto quién será aquel que no conociste. Las heridas del corazón nos llevan a elegir las manos de la persona cuyos dedos encajan a la perfección dentro de la grieta. Mi sentimiento de insuficiencia casaba a la perfección con tus extravagantes aires de grandeza. Yo ansiaba tanto tu amor que creía tener que ganármelo...

Aquel que no conociste se ocultaba tras tu bella sombra, por un miedo estúpido al ridículo al que se expone quien se entrega por amor. Pero lo que tú no sabías es que mi timidez ocultaba un océano infinito de entrega, y cuando quise cruzar ese océano por ti, desapareciste sin decir nada, arrebatándome la inocencia como a un niño se le arranca el chupete de la boca. Tu ausencia se convirtió en la más terrible presencia y me vi en mitad de la noche sentado en la cama sosteniendo tu espada entre las manos. Es en ese momento, en el primer desamor, que uno debe elegir qué hacer con la espada: o utilizarla para defenderse el resto de la vida... o clavarla en el pecho, muriendo en un acto de resignación ante el recuerdo de un amor que a partir de entonces se torna un destello inasible.

Yo no me clavé la espada a tiempo.

Decidí olvidarte —como si olvidar fuera una elección— para demostrar que te había superado, pero así tan solo conseguí pretender lo opuesto a lo que por dentro gritaba mi dolor. Desde entonces, el miedo a un nuevo abandono se me agarra a las comisuras de la boca y estira de ellas, forzando en mi cara la sonrisa complaciente de una puta... Sí, lo mismo es atragantarse con una polla por dinero que tragar con todo por una mirada de aprobación. Jamás la entrega llevada por el impulso complaciente del miedo servirá de ofrenda al amor, pues su generosidad es mera apariencia. Es, realmente, el pago por adelantado de un trueque en el que se espera recibir de vuelta todo el amor, con intereses. Hay que ser muy puta. Yo siento asco de mí por tanta mentira complaciente. Yo pude ser la reina de Cartago: haber muerto en el arrebato de amor que arrastró a Dido a clavar la espada de Eneas en su pecho después de ser abandonada. Tras tu marcha, yo quisiera haberme clavado tu espada en la herida abierta en la tierna piel de mi infancia, para honrar con mi muerte el deseo mortal que despertó en mí tu belleza... pero no me quedó la suficiente valentía. Ahora, mi propia vida se revela ante mí como un camino que conduce irrevocablemente al sacrificio confesional del arte para rendir cuentas ante la verdad, la única garante del amor, cuyos movimientos incomprensibles acercan las manos del hombre a la belleza de Dios...

Esa es la verdad que yo espero.

Ese es el amor que yo deseo.

Esa, la belleza que yo anhelo.

2. JUAN 20, 13-18

Para los extraños a los que amé.

Fóllame.

En tus venas se pronuncia la violencia del caos primordial.

Fóllame como si la punta de tu verga fuese el principio
de la aniquilación del cosmos.

Fóllame y libera en cada embiste sobre mi cuerpo el
impulso violento que inflama tus músculos bajo la carne,
formando abultadas prominencias por las que mi alma
se desboca.

Fóllame.

Arranca con tus mandíbulas de cuchillo carnicero
el dedo inquisidor de la decencia moral que refrena
la voluptuosidad criminal de la naturaleza humana.

Yo deseo sentir la fricción de tu pene descapullado
en las paredes de mi recto.

Deseo que la vastedad de tu sexo desgarre por dentro
las paredes de mi ano.

Deseo cagar tu semen manchado con la sangre
de mi gruta profanada.

Deseo que me folles sin juicio, sin piedad, como una bestia;
deseo que me folles con el deseo varonil de matar.

¡Mátame! ¡No me folles! ¡Mejor, mátame!
¡Mátame, por Dios!

Embiste mi cuerpo endeble con la rudeza táurica
de tus muslos.

Introduce tu miembro viril dentro de mi boca sin preguntar,
hunde mi rostro en tus abdominales y aprieta hasta
que el oxígeno cese de pasar por mis orificios nasales...
¡Reviéntame la cara a hostias con tus caderas!

No tienes mi consentimiento, no tienes mi consentimiento,
no tienes mi consentimiento. Arrebatándote
el consentimiento me aseguro de aumentar aún más
la bestialidad de tus ataques.

Me resistiré a tus golpes, pero tan solo será para suscitar
aún más tu monstruoso deseo.

¡Fóllame!

Tengo la dignidad de un sabueso que busca con su pene rosáceo el coño inflamado de alguna perrita en celo.

No tengo ni un ápice de dignidad.

En el verano de 2021, mientras en España se convocaban manifestaciones, se leían discursos contra la homofobia, las redes sociales se llenaban de mensajes de apoyo, mensajes de denuncia, de pésames a la familia, mensajes buenistas... y los políticos condenaban el brutal asesinato de Samuel al grito de «maricón», no hubo en mí un solo sentimiento de compasión por la víctima. Me bajé los pantalones frente al telediario que anunciaba su muerte y dediqué un acto de onanismo por cada uno de sus asesinos, imaginando que yo era la víctima de aquel sacrificio orgiástico en mitad de la noche. Yo imaginaba mi cuerpo desnudo bailando alrededor de cada uno de ellos como una ofrenda a su odio más exacerbado y criminal. ¡Yo deseo probar la simiente asesina del hombre, pero a mí los hombres ni siquiera me miran!

Hace una eternidad que ningún hombre me toca.

He puesto mi vida en peligro miles de veces apartando la mirada de la carretera mientras conducía para observar a cualquier hombre extraño que en ese momento pasase por la acera. He puesto vuestras vidas en peligro miles de veces apartando la mirada de la carretera mientras conducía para observar a cualquier hombre extraño que en ese momento pasase por la acera. Yo deseo que cualquiera de esos hombres extraños suspenda repentinamente su rutina para follarme en mitad de una calle concurrida de una gran ciudad. Yo los miro desde la ventanilla de mi coche con ojitos de cordero degollado que le gritan: «Fóllame, fóllame, ¡fóllame!».

Pero todos se van, sin dedicarme ni siquiera una mirada después de haberles entregado mi vida desde el asiento de mi coche.

Tal vez, debería salir a la calle de noche vestida como una puta travesti para suscitar la homofobia de algún hombre que en ese momento pase por allí, y que me reviente a palos en una esquina. Tal vez así sea la única manera de volver a tocar a un hombre en mi vida... Aunque con tanto discurso moralista y tanta cháchara aleccionadora, de seguro tengo la suerte de cruzarme con un heterosexual deconstruido y aliado... Me asquean esos medio-hombres petulantes. Hablan hasta la saciedad sobre el respeto y el amor hacia las mujeres para encubrir su impotencia para amarlas realmente. Cuanto más hablan más evidente hacen su necesidad de aprobación externa para que se les empalme la polla. Son hombres castrados, incapaces de reconocer la violencia que les constituye como hombres; y precisamente, por ser incapaces de reconocerla, terminan ejerciéndola física y psicológicamente sobre las mujeres...

Yo quiero un hombre-hombre, no uno de esos maricones hipócritas.

Yo quiero un hombre cuyo salvajismo surja de la inocencia...

Yo quiero que los hombres me hagan caso.

Yo quiero que me deseen hasta el punto de entregar su vida
como yo lo haría por ellos.

Yo quiero que me penetren por cada orificio de mi cuerpo
para sentirme verdaderamente completo... e inmortal.

Yo quiero ser la puta de todos los hombres, para que
satisfagan con mi cuerpo sus más oscuras fantasías.

Entrego mi cuerpo en sacrificio para recibir toda
la violencia del género masculino sobre mi carne.

Yo no busco un novio.

Yo no busco un compañero de vida.

Yo lo que busco... es un padre.

Un padre que me abrace por detrás.

Un padre idealizado.

Un padre que me castigue.

Y un padre que abuse de mí cuanto desee...

3. ME PONGO LAS CANCIONES QUE SÉ QUE ESCUCHAS CUANDO PIENSAS EN MÍ

Para el último hombre al que amé.

I

Hola, Isidro:

Te escribo esta carta para llenar tu silencio. ¿Era acaso indiferencia en vez de cordialidad a lo que te referías? Si así era, ¿por qué no lo dijiste, Isidro? ¿Por qué no dijiste: «No quiero volver a verte nunca más»? ¿Por qué no lo dijiste? ¿Por qué nunca eres capaz de decir las cosas con claridad?

Supongo que callas por no cortarte la lengua. Esa lengua bífida con la que, por un lado, deglutes la verdad, y por el otro, escupes una versión «bien vista» de lo que realmente sientes. Ojalá te hubieras cortado la lengua, Isidro. Ojalá te hubieras cortado la lengua. Por primera vez, habrías hecho algo de manera rotunda, sin titubeos. Un acto de amor absoluto debido a la ausencia de sentido, como todo buen acto de amor que se precie. Como nunca supiste amarme a mí... Pero has preferido callarte; sobrevivir, como siempre.

Sientes tanto miedo, Isidro... Miedo a quedarte solo. Miedo a no ser querido. Abandonado. Sientes tanto miedo a decepcionar a las personas, que en realidad no te importan un carajo las personas. De ellas, solo buscas su aceptación. Su cobijo. Tú no amas, Isidro. Tú solo esperas. Esperas una caricia como de niño esperabas a tu madre en la puerta del colegio cuando se retrasaba para recogerte. El resto de niños abrazaban a sus orondas madres, con la boca llena de dulces y chocolate, mientras tú mirabas con ansiedad a través de la verja esperando ver aparecer la melena de tu madre girar la esquina. Esa es tu forma de amar, Isidro: esperando recibir todo lo que tú no puedes dar, por cobardía, por inseguridad, por miedo.

Cuando alguien, sin pedir nada a cambio, te regala una caricia, lo agarras de la mano con aparente ternura. La acaricias, la besas y la cuidas; abres su puño y le entregas todo lo que nadie nunca te ha pedido, pero tú sabes que amaría recibir. Tú jamás agarras fuerte de la mano, pero haces lo imposible porque nunca suelten la tuya. Eres capaz de complacer hasta los límites de la demencia por comer del suelo las migajas de amor que caen accidentalmente de una boca deseada. ¿Acaso alguien te conoce de verdad? ¿Alguien sabe cómo eres tú realmente? Siempre transformado al gusto de quien tienes delante, ¿quién va a conocerte, Isidro? No tienes personalidad. No eres de fiar. Realmente, no eres de fiar. Acaricias con el dorso de unas garras que al tiempo terminan siendo los barrotes de tu prisión. Nos das lo que bien sabes que necesitamos, te sacrificas por los demás... no por dar amor, sino para recibirlo como moneda de cambio.

Pero el precio, Isidro, siempre es demasiado alto y sientes que todo tu esfuerzo no se ve recompensado por la otra persona, porque realmente ningún mortal sería capaz de llenar tus carencias, Isidro. Ningún mortal sería capaz de llenar tus carencias. Te sientes insatisfecho y la frustración y el resentimiento te llevan a hacérselo saber a la otra persona para que se sienta tan insuficiente como tú te sientes respecto a ella. Eres plenamente consciente de cuánto aprecia la otra persona todo lo que tú has hecho por ella; así es como te has ganado su confianza. Y te aprovechas, Isidro. Te aprovechas. Recoges lo sembrado imponiendo tus apetencias después de haber hecho creer sutilmente a la otra persona —sin apenas palabras— que tienes el derecho a que tus necesidades se vean satisfechas. Y la otra persona hace lo imposible para no perder a alguien tan entregado como tú, Isidro. Pero, nuevamente, ningún mortal es capaz de llenar tus carencias. Entonces, el amor de esa persona deja de ser útil para tus necesidades y comienzas un largo proceso de abandono, del cual la otra persona no es consciente y que, cuando al fin se lo comunicas, encubres de una lógica perversa por la cual lo mejor para los dos es terminar con la relación, «aunque todavía nos queramos».

No hay nada tan doloroso como resistirse a la esperanza. ¿Por qué no fuiste capaz de decirme que ya no me querías? Eres un egoísta, Isidro. Por no odiarte, me empujaste a tener que olvidar creyendo que aún nos queríamos. ¿Cómo olvidarte manteniendo viva la esperanza de tu regreso? Querías salir impune de las mentiras sobre las que habías construido una fortaleza con paredes de papel. Querías evitar enfrentarte a mi odio, a mi rabia y a mi venganza convirtiendo nuestro amor en un pacto de cordialidad. De indiferente cordialidad. Eres un cobarde, Isidro. Eres un cobarde.

Después de un tiempo, volviste. Volviste diciendo que me habías echado de menos, que deseabas retomar el contacto... Incluso dijiste que todavía me querías.

Y yo te creí...

No me dejaste tiempo para recuperarme de la destrucción que causó en mí tu adiós. No me dejaste tiempo para coserme las extremidades que tus palabras como mordiscos arrancaron de mi cuerpo. No me dejaste tiempo para asumir mi vida sin ti. La esperanza aún ardía en mi estómago y tu vuelta fue como un trago de gasolina que avivó las llamas por dentro. No podía perderte una segunda vez. Así que acepté todas tus condiciones. Acepté tu absoluta e incoherente indeterminación: aunque actuáramos como tal, no éramos pareja. O mejor dicho, no podíamos decir que éramos pareja, de modo que el «ser» estaba determinado por el «decir» más que por el «hacer». Acepté vernos solamente cuando a ti te apetecía que nos viéramos. Acepté la posibilidad de que follaras con otros hombres, porque así tú lo sentías, sin importar cuáles fueran ni mis necesidades ni mis sentimientos. Acepté aceptar cualquier condición porque si no «no era el momento de estar juntos», decías. Acepté cualquier demanda, ciego ante la falta de compromiso y de amor que demostraban tus actos, con tal de que no te marcharas.

Pero una vez más, ningún mortal será capaz de llenar tus carencias...

¿Por qué volviste, Isidro? ¿Por qué volviste si te ibas a volver a marchar? ¿Fue por amor o porque te sentías culpable? ¿Fue por amor o por complacerme una vez más? ¿Cuántas veces me has mentido al decir «te quiero»? ¿Cuántos «te quiero» has dicho por escucharme decir «te quiero»? ¿Cuántos, Isidro, cuántos? La complacencia no sirve de ofrenda al amor, sino a la traición. Prefiero una hostia sincera antes que una caricia por complacencia. Tu amor, Isidro, podría definirlo con un simple diagnóstico: manipulación perversa propia de un narcisista con rasgos psicopáticos.

Para no dejarte conocer, creo haberte conocido
bastante bien...

Adiós, Isidro.

El que se marcha ahora soy yo.

No quiero volver a verte nunca más.

Eres lo peor que me ha pasado en la vida.

Ningún buen recuerdo compensará el dolor
que me has causado.

Mi amor no merecía un final tan mediocre
como la puta cordialidad...

Ojalá te cortes la lengua.

Y ojalá se te claven, como cristales en los ojos,
cada una de mis palabras.

Un «cordial» saludo.

II

Ojalá mi amor hubiera sido una ofrenda a la verdad, pues solo esta, aunque sea terrible, garantiza la bondad de un amor puro. Tu amor fue sacrificado a mi destino para comprender que la belleza solo concederá su salvación a quien ama hasta los huesos. El amor exige la valentía de quien se reconoce vulnerable ante lo que es más grande que sí mismo; de quien reconoce su menudencia frente a la inmensidad de sus propios sentimientos; frente a lo terrible, frente a lo incomprensible, frente a lo inalcanzable, en fin, frente a lo bello... La grandeza nos acerca a la verdad en tanto que esta participa de la idea de «absoluto», así como en el vacío carente de límites lo hace la misma muerte. Tan solo ese desvanecimiento, ese abandonarse ante lo que nos supera nos salvará de nuestra propia inmundicia. Siempre defenderé la locura del amor por encima de la cobardía, del miedo y de la mezquindad de todos los ruines *maquiavelos* que visten de bondades su pragmatismo servil y mediocre. El amor brilla por encima de la vida, y otorga sus dones tan solo a quien cede ante su propia muerte. Solo resucita el que se muere. Tan solo el que se arrodilla por amor reconoce la verdad aparecida. Solo el que trata de tocarla una y mil veces, aunque una y mil veces ella se aparta, una y mil veces en su fracaso se vence, y a sí mismo se gana.

Solo el que se muere de amor, alcanza la inmortalidad.

III

Quisiera escribir una carta que no pueda enviarte.

Correspondencia que, después de todo, ya no corresponde.

Todos los días pienso en ti.

Camino por la ciudad con temor —con lo que de anhelo comporta el propio temor— de encontrarnos casualmente en algún lugar. En realidad, apenas soporto ir a la ciudad, pues son pocos y desconocidos los espacios que no me recuerdan a ti. A mí, contigo. A mi culpa. Quisiera mirar esos lugares con la nostalgia de una ternura pasada, pero la culpa, merecida culpa, hunde la añoranza como las piedras enfundan un cadáver en el agua.

Camino con el temor de encontrarnos casualmente y de que vayas acompañado. ¿Me entiendes? Me espanta imaginarlo, con lo que de deseo conlleva el espanto. En el fondo, quisiera que sucediera para decirte delante de tu acompañante: «Me he lijado los labios para que nadie los vuelva a besar».

¿Cuánto tiempo más habré de maltratarme para expiar
tanta culpa?

Con la punta del látigo he escrito en mi espalda:
«Las personas no son inagotables fuentes para llenar
ausencias infinitas».

Tampoco sabría qué hacer con esta ausencia,
si no la escribiera.

Aunque desde que escribo, siento que no vivo.
Como si una cosa fuese incompatible con la otra.

Pero tampoco sabría vivir si no escribiese.

(Te) escribo para devolver la inmortalidad a nuestra historia, que mi mediocre complacencia le arrebató.

Escribo para que no nos olviden nunca.

Para no olvidarte nunca.

No olvidarte nunca.

Olvidarte, nunca.

Nunca.

Por favor, no te olvides de mí.

2.ª PARTE: UN ANHELO DE SOLEDAD

4. EL RÍO DE LAS MUJERES AHOGADAS

«Mon amour, je pars avant que tu ne t'en ailles. Je pars avant que tu ne cesses de me désirer, car alors il ne nous restera que la tendresse et je sais qu'elle ne suffira pas. Je pars avant d'être malheureuse. Je pars avec le souvenir de nos étreintes, avec ton odeur, ton regard et tes baisers. Je pars avec le souvenir des meilleures années de ma vie: ce que tu m'as donné. Je t'embrasse pour la dernière fois jusqu'à mon dernier souffle. Je t'ai toujours aimé. Je n'ai fait que t'aimer. Je pars pour que tu ne m'oublies jamais.

Mathilde».

«Amor mío, me voy antes de que te vayas. Me voy antes de que dejes de desearme, porque entonces solo nos quedará la ternura y sé que no será suficiente. Me voy antes de sentirme desgraciada. Me voy con el recuerdo de nuestros abrazos, con tu olor, tu mirada y tus besos. Me voy con el recuerdo de los mejores años de mi vida: lo que me has dado tú. Te beso por última vez hasta mi último suspiro. Siempre te he amado. Solo te he amado a ti. Me voy para que nunca me olvides.

Mathilde».

Patrice Leconte, de *Le mari de la coiffeuse.*

5. EL NACIMIENTO DEL MISÁNTROPO

«El sentido moral de los mortales es el precio que debemos pagar por nuestro sentido mortal de la belleza».

Dicho por Humbert Humbert en la novela *Lolita,* de Vladimir Nabokov.

No voy a volver a follar con nadie en mi vida. A mis veintitrés años puedo asegurar que no volveré a follar nunca con nadie. Tampoco volveré a tener pareja. Ni siquiera sé si volveré a enamorarme de nadie, digo, con veintitrés años de vida. No es una cuestión de castidad. Sigo siendo un puto pervertido. Eso no ha cambiado. Precisamente, porque soy un puto pervertido no volveré a follar con nadie nunca. Es la conciencia de mi depravación, precisamente, la que me impide volver a tener sexo con nadie. La profunda conciencia de mis deseos induce en mí el desdén y la apatía por el prosaísmo de la vida terrenal. Me generan hastío las ridículas contorsiones del hombre común, que trata de hacer de la vida cotidiana un lugar digno y seguro, corrompiendo así la azarosa y destructiva ley única del amor. Cualquier llamarada del amor queda inmediatamente sofocada por el instinto humano de conservación. El verdadero amor es la antítesis de la conservación.

Sin embargo, el mundo está plagado de amantes que traicionan constantemente al amor con su perversa cursilería. Cada día he de luchar, no sé por qué, contra un instinto asesino que me impulsa a inmolarme en mitad del Pont des Arts, en París. Los terroristas islámicos actuaron en Occidente con la lucidez de los santos... Su ceguera fue fruto de un deslumbramiento. Un exceso de luz... pero luz, al fin y al cabo. Es terriblemente frustrante observar ese exceso de luz sin poder cegarse para poder hacer saltar por los aires ese amasijo de candados. No importa cuántas personas —la mayoría, entre ellas, amantes— muriesen en el atentado, puesto que la destrucción por sí misma restauraría la coherencia con el verdadero amor. No sería un acto infantil de envidia, de venganza o de rabia, sino un acto estrictamente racionalista e iluminado, en la cumbre del racionalismo, en la cuna del Siglo de las Luces. Los cuerpos desmembrados de los amantes sobre el asfalto confrontarían con la estéril mediocridad de su amor. Solamente la sangre puede revelar la ridiculez de los aspavientos de los amantes por conservar sus relaciones. Por establecer relaciones sanas y duraderas, manteniendo una comunicación asertiva con la pareja, demostrando amor con pequeños gestos cotidianos y siguiendo los cuatro tópicos baratos de los denominados, aunque jamás admitan tal apodo, «gurús de las relaciones de pareja», que se enriquecen dando consejos sobre cómo construir un amor sano, abusando del concepto de «amor propio», que solo existe como concepto, pero esta gente al parecer tiene tanto amor propio que hasta la mierda que cagan es amor propio, «porque para amar a alguien primero debes amarte tú mismo», pero ¡¿qué coño significa «amarse a uno mismo»?!

Yo, por más que busque el amor propio, solo encuentro en mí odio. Y cuanto más amor propio busco en mí, más odio hacia mí y hacia los demás hallo, porque lo que de verdad me repele es la mentira, y el amor propio no es más que una forma de autoengaño, de cerrar los ojos ante la indigna miseria que habita dentro del ser humano y de pegarle una patada para esconderla debajo de la alfombra y así poder aparentar que todo está bien. Que sentir el dolor de la existencia es una elección. Que la voluntad humana puede superar cualquier límite. Que la depravación de nuestros deseos más íntimos es tan solo una quimera porque somos personas cabales y sensatas, muy sensatas. Que pese a nuestros deseos de muerte, cada día escogemos vivir, vivir la vida que es un regalo del cielo; somos afortunados por estar vivos y toda esa mierda. Y que nada es tan importante como nosotros mismos y, sobre todo, como nuestra salud mental, ¡sí!, la salud mental es muy importante: «hay que priorizarse a uno mismo siempre», eso, eso, ¡eso es el amor propio...!

Claro, eso es el amor propio. El amor a uno mismo significa renunciar a sacrificar la carne propia en virtud de un amor imposible. El amor propio te permite amar a alguien, pero tampoco demasiado. ¿Qué puta mierda de amor es ese? El empoderamiento, además, es hacer gala de tan vulgar mediocridad. A una realidad que es decepcionante de por sí debido a la ausencia del mito se suma también un entorno social, político y cultural que convierte su estulticia en una pancarta o en un *post* en redes sociales. Es, precisamente, la irritante actitud combativa y reivindicativa de los individuos presuntamente empoderados la que les delata. Vuestro poder surge del apoyo de las masas. El poder de los colectivos no es sino un síntoma de la debilidad de sus integrantes, incapaces de defenderse por sí mismos sin la aprobación de su grupo. Por eso desconfío de las buenas intenciones de todos los colectivos y asociaciones samaritanas. Disfrazan su interés particular y egoísta de moralismo, de superioridad moral, de denuncia social, en nombre del bien común, cuando en realidad lo único que persiguen es su propia conservación. Mienten arrojando la verdad que habita debajo de la piel al rebosante vertedero de sus inseguridades, clamando por la dignidad y el empoderamiento de las clases marginadas. Se rasgan las comisuras escupiendo grandes significantes vacíos de contenido; palabras desamparadas por un *ethos* mezquino que ha cambiado la aspiración al bien en su totalidad por un largo listado de causas justas por las que subir un *post* en redes sociales para cubrir un cupo de bondad ante la vigilante cultura de la cancelación. El amor a las víctimas del sistema es un cheque para comprar la victimización propia. El poder de la colectividad es su propio miedo, que se expresa a través de un totalitarismo disfrazado de valores democráticos. El poder de la colectividad temerosa anula el poder de la verdad que resucita en el dolor... El poder no se demuestra con más poder, y aún menos con el poder de una masa pobre guiada por el miedo a ser rechazada y excluida por la propia masa al transgredir los límites de lo políticamente correcto, sino que el poder aparece cuando se mira de frente a la herida por la cual se debe morir. La herida es una, personal e íntima; pertenece a la esfera del individuo. No hay colectivo que pueda suplir la experiencia individual. El hombre frente a su destino emana mayor poder que una masa amorfa pidiendo derechos a gritos mientras huyen en dirección contraria. ¿Por qué insisten los colectivos en la dignificación y el empoderamiento de los marginados? Solo aquel que asume plenamente su miseria demuestra ante lo absoluto su apego a la verdad. No hay mayor dignidad, por tanto, que asumir la ausencia de dignidad. Toda demostración de dignidad es un síntoma pestilente de su ausencia.

El egoísmo del ser humano impide ver más allá de la uña del dedo gordo del pie, ¿quién va a creerse, entonces, esa «digna» preocupación por el sufrimiento ajeno, sin importar de dónde venga? Sucia cháchara buenista es tal indigna demostración de virtud, si, cuando la policía del progresismo aparta un segundo la mirada, «ancha es Castilla». Ninguna bondad es digna si no emerge de la más mísera verdad. Así, todos los «ismos» posmodernos desprenden un sugerente aroma a la misma mierda aburguesada, conservadora y totalitaria contra la que surgieron, después de que Amancio Ortega haya rentabilizado su pútrido discurso. No hay colores suficientes en el arcoíris para que el colectivo de maricones, de lesbianas, de bisexuales, de transexuales, de asexuales y demás letras del abecedario pueda dignificar la depravada frustración de sus integrantes. Tanta purpurina solo se explica en el intento fracasado de maquillar la verdad que el miedo a volver a ser excluidos impide aceptar. Ser maricón no es algo de lo que sentirse orgulloso. Yo no soy maricón. Yo no soy maricón. Amo a los hombres como amaron las mujeres de los mitos, pero no soy maricón. No me identifico con tanta contorsión para demostrar un falso empoderamiento, que no es más que una actitud conscientemente despreocupada por el conflicto del ser humano consigo mismo, una carencia absoluta de espiritualidad y un ateísmo próximo a la ausencia de conciencia propia de las bestias. Por eso necesitan manifestarse por sus derechos; es la única fuente de dignidad que les queda después de haber lamido el pene arrugado de cualquier viejo desesperado por vivir una nueva juventud.

Tanta purpurina, tantos colores, tanto amaneramiento solo pueden esconder las más obscuras perversiones. ¿Por qué insisten en la dignidad, entonces? ¿Por qué insisten en el orgullo? Tratar de normativizar lo que no es normativo por miedo a la exclusión erradica la belleza trágica de la transgresión que supone nuestra mera existencia. Ser maricón perdió todo interés para mí desde que Netflix estableciera un cupo mínimo de personajes homosexuales en sus series de mierda. Normalizar las relaciones homosexuales equiparándolas a una relación heterosexual cualquiera, además de ser una falta fehaciente a la verdad, demuestra el simplismo de los moralistas modernos... Ninguna relación homosexual alcanzará nunca la perfecta unión metafísica entre el hombre y la mujer. Todos los maricones deseamos la unión sagrada de los opuestos; la ruda fortaleza de la masculinidad que penetra en la ondulante anchura femenina... Pero, si ni siquiera las relaciones heterosexuales alcanzarán nunca tal simbiosis, ¿qué podemos esperar entonces del amor entre dos hombres? Estamos condenados por naturaleza a desear lo igual. Amar a un hombre siendo hombre es una absoluta frustración. Todos los maricones buscamos y buscamos y buscamos a hombres fuertes, hombres masculinos, machos sin pluma de bíceps pétreo, que parezcan heterosexuales, machotes que puedan reventarnos el ano con su verga descomunal, con los que poder saciar nuestro masoquismo extremo. Pero a lo único que podemos aspirar es a otros maricones que desean lo mismo que nosotros, que esperan de nosotros lo mismo que nosotros esperamos de ellos, ¿y qué coño hacemos? ¿Qué hacemos? O nos resignamos a decir que somos versátiles aceptando cada cierto tiempo introducir con asco nuestro pene medio erecto en el ano de cualquier maricón sin demasiada pluma a cambio de que ese mismo maricón sin demasiada pluma acepte meter su pene medio erecto con asco en nuestro ano maloliente cada cierto tiempo, viviendo así parcialmente nuestro deseo, viviéndolo por turnos, con tal de vivir algo parecido a nuestro deseo; o por el contrario, buscamos maricones activos imaginando que desean nuestra frustrada feminidad, cuando en realidad lo único que buscan es la suavidad de una piel imberbe y afeminada, cuya fragilidad despierte en ellos el deseo alevoso y misógino del sadismo, la violación y el abuso, lamiendo nalgas como si besaran la piel de un recién nacido... Los maricones somos, a fin de cuentas, unos putos enfermos. Y los maricones versátiles, ¡unos doblemente enfermos...! ¡Que ardan todas las carrozas multicolores del mundo! ¡Que ardan! ¡Que ardan y que todos los maricones vuelvan a las orgías báquicas de la Antigüedad! ¡Que vuelvan a las sucias saunas de las que nunca debieron salir! Y si me permito decir, con esta lengua áspera que Dios me ha dado, tal sarta de barbaridades es porque reconozco, en la infinita oscuridad de mi subconsciente, la depravación y la enfermedad de mis deseos más perversos. Soy, en el fondo, un masoquista gerontófilo, un sádico violador, asesino y pederasta... en potencia.

Más tiene que esconder quien escandaliza que quien se confiesa. Más tiene que esconder...

Y no, no es el problema la existencia de identidades y orientaciones sexuales heterodoxas —sería un tanto hipócrita por mi parte con estas ganas perpetuas que tengo de meterme una polla en la boca—, el problema es que la rabia legítima de un colectivo que ha sido víctima de la intolerancia y de la represión del más estúpido y monstruoso conservadurismo se transforme en una actitud orgullosa y despreocupada. El problema es que la rabia se convierta en una falsa demostración de poder y de dignidad frente a los que cuestionan nuestra existencia. ¡Salid a cortar cabezas, joder! ¡Salid y cortad las cabezas de todos los fachas, me cago en Dios! Haced algo verdaderamente digno con la rabia, pero no la transforméis en mero orgullo. Enorgullecerse de lo que uno simplemente ES, además de ser una actitud ridícula e infantil, es la excusa perfecta para ocultar lo inmoral que todo ser humano alberga en su interior tras una máscara hipócrita de superioridad moral que exime de tener que rendir cuentas ante tu propia conciencia, y los que se resisten a arrodillarse ante la fuerza de los dioses harán de la Tierra un infierno gobernado por su sucio ombligo. De la ausencia de Dios solo han nacido víboras hijas de puta, preocupadas, caritativas y comprometidas en redes sociales, pero auténticas hienas despiadadas en la vida real. Nunca nadie debió enorgullecerse de la transgresión. Nunca nadie debió banalizar la fealdad del deseo humano, pues solo del reconocimiento de su oscuridad emerge la luz de la verdad que ilumina la conciencia y nos condena al puto sentido común...

6. BERNINI: LOS PLIEGUES DEL HÁBITO DE SANTA TERESA

I

El mundo me resulta insuficiente.

La locura de mi deseo se desborda por los márgenes
de esta realidad chata.

El amor empuja con violencia desde dentro las paredes
de mi carne, pero sus consecuencias cobran forma
de imágenes terribles, de catástrofes naturales,
que se aparecen ante mí como una suerte de destino trágico.

¿Cómo vivir entonces con la conciencia de que ese deseo,
en su infinita expansión mortal, es la única verdad esencial
del ser humano?

Mis entrañas son las entrañas de una mujer rota.

Soy una mujer en cuyo pecho se extiende una oquedad
tan infinitamente profunda que tan solo un deseo igual
de infinito podría calmar su angustia.

Soy una mujer ávida por morirse entre los brazos
de un hombre.

¿Qué hago con este cuerpo, Dios mío?

Este cuerpo, que es una maldición.

Este cuerpo, que ni arrancándome el miembro viril
a mordiscos será el cuerpo de una mujer.

Este cuerpo, que nunca estará al alcance del deseo
de un hombre de verdad.

¡No quiero más maricones! ¡Me dan asco los maricones!

Esta homofobia que se revuelve contra mí mismo...

Me odio por ser un puto maricón de mierda.

Deseo ser una mujer para despeñarme por la geomorfología
de un cuerpo masculino.

En sus cabos y golfos me bebería esta sed de infinito.

De vacío.

De muerte.

El hundimiento en el que, como un milagro, resucita
el espíritu de Dios.

¡Me he enamorado de Dios! ¡Me he enamorado de Dios!

Pero su amor resulta inalcanzable para la carne
de un mortal tan mortal como yo.

Noli me tangere.

No me retengas.

No me toques.

Cuando estás a punto de tocar a Dios con las manos,
entonces Él se aparta y se va, porque en esta vida
no hay manera de descubrir a Dios.

¡Hay que morirse, amor mío, HAY QUE MORIRSE!

II

¡Amor mío, no te vayas!

¡Te amo, amor mío, porque en tus ojos atisbo el brillo
de la muerte!

¡Te amo porque en tus ojos atisbo la posibilidad
del abandono!

¡Que yo rompería cada hueso de mi cuerpo por caber
en ese divino hueco entre tus brazos!

¡Que yo deseo coser tu piel a la mía como un abrigo
contra este frío que provoca tu ausencia!

¡No te vayas, amor mío!

¡Ven! ¡Ven y derrama tu alma en mi interior,
que yo te entregaré la mía con un beso!

¡Unamos nuestros cuerpos y convirtámonos en un solo ser
para alcanzar juntos la eternidad!

¡Hagamos del orgasmo el último haz de luz sobre la Tierra
antes de la extinción!

¡Ese instante de plétora, de frenesí, de éxtasis,
de vida antes de la extenuación!

¡No hay otro amor!

¡La blancura sorda más allá de los límites de la existencia!

¡No hay otro amor!

¡Que yo vivo muriendo porque no me muero!

¡Que en la muerte está la vida, y por eso vivo muriendo!

¡Angustia de morir viviendo sin poder morir!

¡Angustia de vivir muriendo sin poder vivir!

¡Que vivir y morir misma cosa son!

¡Vida amarga y dulce muerte, porque con la muerte,
vida plena, amor infinito se revela!

¡Así es el amor que yo deseo!

¡Como amó Hadewijch!

¡Como amó santa Teresa!

¡Así es el amor que yo deseo!

¡Como amó san Juan de la Cruz!

¡Como amó Al Hallaj!

¡El amor de las místicas!

¡El ferviente deseo de probar la carne de Dios!

¡SANTA TERESA QUERÍA COMER LA POLLA DE DIOS!

¡Así es el amor que yo deseo!

¡Un amor violento!

¡Un amor que duela, que duela hasta la extenuación!

Me castigo con la misma violencia que deseo...

7. NANCY: LO QUE EMERGE EN EL DESVANECIMIENTO

El después es una prórroga.

Una concesión a la vida por miedo a la muerte.

Elegimos vivir condenados a la presencia de un deseo
ausente, antes que encarnar la propia ausencia deseada.

Renunciamos a la plenitud, elogiando la banalidad
de lo intrascendente.

Resignados a tal mediocridad, hay incluso quien
se enorgullece de su insignificancia.

Y hablan del amor, degradándolo; reduciendo ese
despojarse de uno mismo a un pragmatismo gatuno.

Cobardes, preguntaos: ¿qué es aquello que os mantiene
con vida?

La respuesta será un baremo de vuestra pobreza.

Cuando aquello por lo que merece la pena vivir
es una presencia intocable,

cuando aquello por lo que merece la pena vivir
es aquello mismo que nos la arrebata,

la última afrenta a la cobardía es observar de rodillas
lo que resucita en la oscuridad de un sepulcro vacío...

EPÍLOGO: EL SACRIFICIO COMO ACTO POÉTICO

I

Isidro, tú creías con esta obra rendir cuentas ante la belleza de Dios revelando la verdad que el miedo a una mirada de decepción se tragó con tu saliva. Sin embargo, una vez más, tu fracaso ha demostrado las limitaciones de la existencia humana... tal vez, aunque sigas deseándolo, ya no necesites el amor del primer hombre al que amaste. Tal vez, aunque sigas deseándolo, ya no necesites el amor del último hombre al que has amado. Ni siquiera, aunque sigas deseándolo, necesites el amor de los extraños... pero ahora tratas de aliviar tu infinito complejo de inferioridad soñando con alcanzar la inmortalidad de los poetas. Isidro, sácate ya esa idea de la cabeza: nunca serás Angélica Liddell. Aunque acabes mudo de tanto gritar, aunque te arrancaras la piel a tiras delante del público, aunque escribieras los más terribles versos de la historia, nunca serás Angélica Liddell. Has estafado a toda esta gente que ha venido hoy a verte. Esto no es una obra de teatro, sino un nuevo ejercicio de mímesis por tu parte con el que desearías recibir su aceptación. Pero en el fondo sabes, Isidro, que si Angélica Liddell viniera a ver esto, se iría sin decir nada, convencida una vez más de la mediocridad que asola la existencia humana. Porque la complacencia no sirve de ofrenda al amor, Isidro, sino a una profunda decepción...

II

Angélica, je t'aime!

FIN DEL TEXTO TEATRAL

MUERTE DE AMOR: LO QUE RESUCITA EN EL DESVANECIMIENTO

«No me toques», dice Jesús a María Magdalena. Jesús se aparta, y esquiva la mano de la mujer, que trata de alcanzar la figura de su maestro. Hace tres días que murió Jesús. Su cuerpo debería de estar en el interior del sepulcro, pero en su lugar se encuentran dos ángeles. María busca con desesperación el cuerpo muerto de Jesús; pregunta a los ángeles por el cuerpo, pregunta a un hombre que aparece tras ella. Parece el encargado del huerto, pero en realidad es Jesús. El cuerpo de Jesús, que hace tres días yacía muerto en el interior del sepulcro, ahora se encuentra fuera, erguido frente a María. Ella no lo reconoce hasta que le escucha pronunciar su nombre: «María». La mujer, que anteriormente buscaba el cuerpo de Jesús, lo encuentra de pie delante de ella y trata de tocarlo. Sin embargo, el cuerpo de Jesús que está presenciando ya no es el cuerpo de Jesús que sepultó tres días atrás. El cuerpo de Jesús ya no es un cuerpo muerto, sino ¿un cuerpo? que emerge de un cuerpo muerto. Un cuerpo aparecido, que se deja ver, que se deja incluso escuchar, pero bajo ningún concepto se deja tocar. El motivo de su prohibición: «todavía no he subido al Padre». El cuerpo de Jesús no yace en la tierra, sino que está en proceso de ascender a un lugar que Él mismo denomina: «Padre». Un cuerpo muerto que se eleva a una realidad que resulta inalcanzable para las manos de

María. De hecho, el tacto de la mujer supondría un obstáculo en la ascensión del cuerpo, según aquella interpretación que traduce las palabras de Jesús por: «No me retengas». El cuerpo de Jesús ya no es un cuerpo muerto, sino un cuerpo resucitado. Efectivamente, María presencia ¿la imagen? de una persona que creía estar ausente de manera irreversible, pero su presencia en este momento ha variado sustancialmente de su presencia anterior. María, ahora, no puede tocar los pies que tiempo atrás ungió con sus manos y secó con su cabellera. La presencia de Jesús ahora es *intangible.* No se puede tocar, pero esta imposibilidad física no resulta un impedimento para percibir su presencia más allá del tacto, más allá de la carne, más allá del cuerpo, más allá...

El cuerpo de María es un cuerpo vivo. Tan vivo que el mito ha *viciado* su exuberancia ascética desterrando a Dios de sus senos. La silueta de María Magdalena acoge la sensualidad imposible del ser humano. La voluptuosidad que sugiere su figura es la prueba de su santidad. En el cuerpo de María desembocan los deseos inconfesables que atormentan la existencia humana. Las manos de María tratando de tocar a Jesús son las manos quietas de la humanidad. Unas manos que incluso antes de avanzar se han encogido frente al horror, frente al asco, frente a la culpa, frente a la prohibición que emerge como una presencia intangible de la oscuridad de los sepulcros... María desea el cuerpo muerto de Jesús. Lo busca y, cuando lo encuentra, trata de tocarlo, pero el cuerpo muerto de Jesús es ahora un cuerpo resucitado, una presencia que prohíbe su propio contacto a la mujer.

Para alguien que tenga oídos, este pasaje bíblico resuena más allá de su simple anécdota. Esta breve secuencia de acción-reacción entre Jesucristo y María Magdalena encarna parabólicamente la experiencia religiosa humana liberada, pese a su origen cristiano, de cualquier doctrina moralista. María Magdalena extiende sus manos hacia una presencia aureolada de muerte, Cristo resucitado, pero Él es al mismo tiempo una presencia intangible que en su transición hacia el Padre —su intangibilidad, precisamente— establece un límite al deseo de la mujer. La libido del ser humano es el veneno que inyectan en la pena de muerte. Deseamos aquello que en sus últimas consecuencias nos conduciría, de manera directa y sin concesiones, a nuestra propia muerte, pero en cuanto nos acercamos a ella, de ella emerge precisamente una presencia que nos aleja, nos rechaza, nos prohíbe su contacto. Como un padre corre detrás de su hijo cuando este echa a correr hacia una carretera... No hay nadie que desee morirse más que un niño, hasta que las manos del padre se convierten en una conciencia inmaterial que dictamina lo que no se debe hacer. Esta dualidad hiperdesarrollada que caracteriza especialmente al ser humano se revela en la narración de este pasaje, así como en las numerosas representaciones pictóricas que se han elaborado de este breve instante de la vida de Jesucristo: un deseo que, a través del tacto sobre todo, alienta los instintos primarios resguardados en la oscuridad abisal del subconsciente, en pugna con una conciencia intangible de la imposibilidad de esos mismos deseos, sumergidos allá en lo más profundo.

Ahora bien, lejos de ser la condición humana un aparato compartimentado en dos secciones claramente diferenciadas, ambas partes de la dualidad que nos conforma juntan sus extremos formando un anillo eterno, sin principio ni final. Como ocurre con cualquier frontera, es precisamente el límite que los separa el mismo que los une: el tacto, la carne, el cuerpo vivo, el cuerpo deseante, las manos de María Magdalena. El deseo corre desbocado en dirección al precipicio, cuya elevación presagia su irreversible hundimiento, pero es justamente en el filo del precipicio que emerge la prohibición en forma de horror, de miedo, de culpa, de asco. Cada uno de estos matices de la angustia son una manifestación de Dios. A ver si comprenden de una maldita vez las nuevas generaciones del ateísmo —sus palabras resultan la mayor infamia cometida al pensamiento de Nietzsche después de reducir su frondoso bigote a un cuadrado estrecho bajo las narices— que Dios es una experiencia inherente a la existencia humana. Dios es la conciencia de aquello que está por encima del ser humano. Aquello que es verdadero. Aquello que es bello. Aquello que es justo. Aquello que es bueno. Toda decisión consciente prioriza la grandeza de estos conceptos si, efectivamente, está dispuesta a asumir su menudencia frente a lo que le rebasa. Se equivocan aquellos que niegan a Dios tratando de anular la culpa o los remordimientos. Esos no son ateos, sino simplemente unos hijos de puta. Nietzsche no soñaba con un hombre amoral, mezquino y egoísta, sino con un hombre creador; un hombre que negara los viejos dioses extranjeros, aquellos que habitan las doctrinas moralistas colectivas cuyas leyes repiten sus adeptos como cacatúas defensoras de lo biempensante, defensoras en realidad de sus propios intereses, ocultos tras la bondad —el buenismo, más bien— de las mismas tres palabras biensonantes que componen su chato vocablo; un hombre que negara aquellos dioses para hacer de su propia conciencia individual el único Dios ante el cual arrodillarse. La alabanza de Nietzsche a los instintos humanos se debiera en gran medida al ostracismo que el deseo había sufrido durante siglos por parte de las instituciones religiosas, pues es, como avanzaba antes, a través del deseo que Dios se comunica con nosotros, aunque sea para dejar caer como una losa sobre nuestra conciencia las tres palabras de su prohibición: «No me toques».

El silencio ascético guarda lo infinito en su quietud: un deseo tan voluptuoso, tan violento, tan mortal que no puede alcanzar su plenitud en la realidad, sino en su conciencia de lo divino, a través de la transgresión consciente de sus leyes. Lo divino emerge en la transgresión de lo prohibido como una conciencia de su imposibilidad. Amaremos al diablo, pero en el esputo de su semen se dibuja el rostro de Dios, así como con cada gesto contenido en un hábito de cilicio Dios introduce su miembro infinito en la oquedad de un deseo imposible.

¿Qué hacer entonces cuando una conciencia de verdad *más allá* se despierta en nosotros? ¿Una conciencia de verdad que manifiesta, a través de la angustia, la imposibilidad del deseo en su infinita expansión, pero, en cambio, al mismo tiempo sugiere que ese deseo, en su infinita expansión, es lo más real, lo más verdadero que alberga en sí el ser humano? ¿Ese deseo en el que, como decía antes, la muerte se revela en sus últimas consecuencias como un destino inevitable del ser humano, como su única verdad inapelable? ¿Cuál es por tanto el sentido de vivir? Absténganse de hablar quienes crean que el sentido de la vida se halla en el banal disfrute de lo mundano, por favor. Mis ganas de morir se acrecientan al escucharos defender vuestra mediocre intrascendencia. ¿Qué sentido alberga el vivir si el sentido último se halla en el no-vivir? ¿Cuál es la solución a este conflicto? ¿El adormecimiento de la conciencia? ¿Distraer a la conciencia de la verdad con entretenimiento vacío? Sospecho que a esto se refieren con aquello de «disfrutar de la vida»... ¿Narcotizarla con analgésicos? ¿Someterla bajo sumisión química compuesta de preocupaciones sociopolíticas? ¿Es esa la solución? Pues váyanse entonces todos a la mierda. Váyanse a la mierda, cobardes. Eligen la ceguera por comodidad, por dejadez, por miedo... En la cumbre de su mediocridad han alcanzado cuotas de cinismo insospechadas. Han pervertido los dones de Dios desviando su sentido en dirección a los intereses que se les acumulan como mierda en sus hediondos ombligos.

El Bien.
La Justicia.
La Verdad.
La Belleza.
El Amor.

No son muñecos de plastilina, que cambian de forma a gusto de las manos que los pervierten. Los dones de Dios se nos presentan siempre intocables a las puertas de un sepulcro vacío. Es en la presencia de la muerte, en vida, que el hijo de Dios resucita ante nosotros, como un misterio inexplicable. El misterio mantendrá en vida ausente el sentido, de modo que el vivir deviene un acto de fe —que no de creencia— ante la llamada desconcertante del enigma. Tan solo ante lo incomprensible, ante lo inabarcable, ante lo inimaginable, ante lo terrible, ante lo sublime, en fin, ante lo bello, el hombre es capaz de reconocer su insignificante menudencia, al igual que quien se enamora por primera vez. Ese movimiento retráctil del espíritu cuando se enamora, que se empequeñece ante la imagen idealizada del amado; que siente insuficiente su existencia en comparación a la infinita radiación que desprende el cuerpo-objeto de su deseo; que se despoja de todo interés para entregarse por completo al acto inútil de amar; que es capaz de poner su vida en peligro; que se muestra vulnerable, ridículo, patético, absurdo; que desea desaparecer en la fusión de su carne con la del amado; que desea morirse en el mismo acto de amar, tratando de alcanzar la eternidad que la muerte otorga a los amantes; que busca en la irreversibilidad de su propia muerte la presencia de Dios. Ausente el amado, no queda otro amor que la valiente resignación ante la angustia de su ausencia: la muerte de amor. Un acto de sacrificio en el que el amante aspira a resucitarse a sí mismo al encarnar su propio desvanecimiento. Tal vez, ese sea el sentido: hundirse en la angustia del sinsentido; morirse *lo justo* para invocar la presencia intocable que resucita en nuestro propio desvanecimiento.

TEXTO FUNDACIONAL DE MÁCULA TEATRO

Mácula Teatro surge, como todo nacimiento, de un exceso.

Se define la palabra *exceso* como: «Cosa que sale en cualquier línea de los límites de lo ordinario o de lo lícito». También se entiende el exceso por: «Enajenamiento y transportación de sentidos»; e incluso como: «Abuso, delito o crimen». En cualquiera de sus acepciones, el exceso supone un cambio en el *statu quo*, consecuencia del deseo de cruzar una frontera cuanto menos peligrosa, dado que aquello que se sitúa tras los límites tambalea los cimientos de la conservación. El exceso, por tanto, nos aproxima a la muerte en tanto que, una vez superada la angustia —vigía del *statu quo*, al mismo tiempo que tentadora de Eva—, el ser humano abandona su instinto de supervivencia para entregarse a lo desconocido: a aquello que escapa a su propio control.

Resulta llamativa la vinculación que las diferentes acepciones establecen entre la superación de un límite, los sentidos y el crimen. Según la segunda definición, es condición del exceso que los sentidos se vean «enajenados» o «transportados»; que la conexión entre los sentidos y la razón humana se suspenda temporalmente o se «transporte» a otro lugar del que no se nos da pistas y, por tanto, nos resulta desconocido. Cuando la razón se halla ausente en aquello que reciben nuestros sentidos, el impulso surge puro y distinto desde ese lugar desconocido sin atender a los límites de la conservación individual, ni aún menos de la comunidad. Entonces, aparece el tercer vértice de las consideraciones sobre el exceso: la moral. El exceso atenta contra «lo lícito» —lo supera—, deviniendo en «abuso, delito o crimen». El exceso conlleva en su definición su propia condena puesto que pone en cuestión la seguridad del individuo, y también de la sociedad. ¿Acaso no hay mayores enajenados que los asesinos, los violadores o los suicidas?

Y, sin embargo, ¿por qué atisbo en todos ellos la clarividencia de los santos?

Es inevitable observar la paradoja ante la que nos encontramos como un oscuro callejón sin salida. Racionalmente, el exceso es condenado por necesidad. En cambio, no deja de ser igual de necesaria, o incluso más, su propia existencia. ¿Cómo persistirían las especies si no fuera por el exceso del acto reproductivo? En el sexo, los seres humanos adoptan roles de sumisión o agresión llevados por el deseo de acercarse a la muerte. El sexo es un acercamiento en vida a la muerte propia, del cual, paradójicamente, nace una vida nueva. Algo ocurre en el éxtasis de la plétora sexual que es inexplicable, pero que lleva irremediablemente a los seres vivos a poner en juego su propia vida por ello. Algo se aparece; un rayo de luz atraviesa la suciedad del oscuro callejón durante el instante de plétora para después desaparecer con la misma brevedad e intensidad con la que llegó. La consecuencia natural del éxtasis debiera ser la muerte fulminante, la desaparición del ser en la eterna nada. Sin embargo, tras el orgasmo los sentidos son transportados de vuelta junto a la razón, pierden su enajenación y observan la nada convencidos de que no será eterna, sino, como dice Bataille, una simple prórroga hasta que por fin llegue la muerte. E incluso, a veces, la nada temporal viene acompañada del nacimiento de una nueva vida, que no es sino un anuncio de la inevitable muerte de sus progenitores. De este modo, vida y muerte se anuncian de manera mutua, sin ser completamente comprensible, en el sentido profundo de la existencia. En el exceso de lo impuro, de lo inmoral, e incluso de lo criminal, el ser humano encuentra una conexión directa con algo que trasciende su existencia terrenal: un amor infinito, una belleza extática, la sabiduría. Como dijo Esquilo: «Por el dolor a la sabiduría». Pero esta conexión pasa por cruzar el límite de la angustia y mirar frente a frente a nuestra propia muerte, como el héroe trágico se enfrenta a su propio destino tras la anagnórisis. Es así como en la muerte, en nuestra propia muerte, se revela paradójicamente, una vida *más allá.*

No me refiero a la idea de una vida después de la muerte según la doctrina cristiana, sino a una vida *en* la propia muerte, un *más allá* presente debido a su ausencia en la vida terrena. Este *más allá* se hace presente tan solo en la experiencia interior y solitaria del individuo, puesto que participa del exceso y su existencia en la vida real dinamitaría el pacto de convivencia y conservación de la comunidad. De hecho, en ocasiones suele aparecerse en forma de desastre de diversa índole cuando el ser humano desobedece el dictamen de la razón, en la vida real. Pero ¿no es acaso en ese momento, en la desobediencia, cuando el ser humano revela un movimiento oculto? El porqué de su ocultación creo haberlo argumentado ya: participa del exceso y sus bárbaras consecuencias. Ahora bien, ¿debiera ser el entusiasmo por ocultar ese movimiento un síntoma de lo real del propio movimiento? Es decir, ¿qué participa más de la verdad, aquello que se trata de ocultar o el pacto que trata de ocultarlo? Tal vez la formulación de la pregunta invite a elegir la primera opción porque esa sea mi tesis —el solo hecho de explicar algo ya nos hace perversos—, pero la elección en este caso no es baladí. Creo que la elección de una u otra visión sobre lo real determina la posición que adopta un individuo frente al mundo. Si de una apuesta a la totalidad se tratase, aquel que se decanta por el pacto social cierra los ojos ante las potencias internas del ser humano que se ven coartadas por el propio pacto en pro de la conservación y el progresismo. Sí, la conservación y el progresismo. Toda conquista de derechos y libertades viene sucedida de una ola conservadora y aburguesada que trata de conservar con uñas y dientes —o, en el lenguaje de las redes sociales: cancelaciones— aquello que ha conquistado. Y no es el problema la resistencia frente a la barbarie real en cuya lucha los colectivos son ejemplares, sino la resistencia moralista de estos frente al pensamiento y a la estética, ambos hermanados por el cuestionamiento a imposiciones de índole moral. Pero, volviendo a la cuestión que aquí nos atañe, la elección contraria, es decir, la del exceso que habita en el interior del ser humano como elemento constitutivo de lo real, implica, en cambio, resignarse ante la fealdad del propio exceso. Apostar por la capacidad del ser humano para ejercer violencia, por su deseo inconmensurable de impartir y recibir dolor, atraído por el misterio de la muerte, es una postura, paradójicamente, racionalista. La conciencia del deseo evita la enajenación necesaria para el deseo. Bataille decía que el lenguaje del marqués de Sade —tal vez, uno de los más violentos lenguajes de la literatura— luchaba contra la violencia en la realidad. Los enajenados destruyen desde la inconsciencia. Sin embargo, el mundo está lleno de hijos de puta, no por la inconsciencia de su deseo, sino por la frustración que produce cerrar los ojos ante la imposibilidad del deseo real. Quien apuesta por el deseo, por el exceso y por la muerte es plenamente consciente de su imposibilidad —así como de la necesidad del pacto—, por lo cual no le queda otro remedio que resignarse.

Decía Kierkegaard: «Cada uno de nosotros perdurará en el recuerdo en relación a la grandeza de su *expectativa*: uno alcanzará la grandeza porque esperó lo posible y otro porque esperó lo eterno, pero quien esperó lo imposible, ese es el más grande de todos». Y después añadía: «Todos perduraremos en el recuerdo, pero cada uno será grande en relación a aquello con que batalló. Y aquel que batalló con el mundo fue grande porque venció al mundo, y el que batalló consigo mismo fue grande porque se venció a sí mismo, pero quien batalló con Dios fue el más grande de todos». Las palabras de Kierkegaard desenmascaran la triste sinécdoque de esta disertación. Atribuyo «lo imposible» a todo aquello que habita la fantasía del ser humano, generalmente, impulsado por su deseo de muerte, debido a que es, en primera instancia, irracional. Las manifestaciones que este desajuste entre la vida real y la interioridad humana puede presentar en la vida prosaica son, dependiendo del caso, inexplicables, y a veces incluso inconmensurables. Todos estos adjetivos son atribuibles a la idea de Dios, sin que ninguno de ellos sea, sin embargo, plenamente Dios. Por otra parte, la angustia generada ante el deseo y la prohibición del propio deseo es cercana, por no decir sinónima, al sentimiento del pecado. Antes de que el cristianismo condenara la transgresión de las prohibiciones primitivas, esta —la transgresión— o los excesos del infierno formaban parte del mundo sagrado tanto como la ley divina. Prueba de ello son las imágenes, podríamos decir pornográficas, esculpidas en los templos hindúes. Alejándonos de cualquier dogmatismo religioso, la experiencia religiosa individual comprende tanto el cielo como los infiernos, y no sé sinceramente en cuál de los dos habita Dios, o si por el contrario Dios existe de manera transversal en el binomio cielo-infierno. En el exceso veo a Dios, sin que el exceso sea, sin embargo, plenamente Dios. Nada de lo que podamos referenciar proveniente de la experiencia terrenal podrá designar a Dios en su plenitud, en su eternidad. He aquí la triste sinécdoque. Podremos atisbarlo, pero tan rápido como aparece, desaparece, así como Jesús resucitado ante María Magdalena frente al sepulcro vacío. ¿Qué hacer, entonces, cuando uno siente el ferviente deseo de conocer a Dios?

El ateísmo moderno ha encontrado una fácil solución a esta *batalla*: la despreocupación absoluta o el fácil «a vivir que la vida son dos días». Aborrezco tal actitud y me crispa su absurda contradicción: dejan de creer en Dios por odio a la Iglesia católica mientras rezan a un nuevo dios caprichoso llamado: sociedad del bienestar. Así, me considero menos creyente que los ateos «progres» de hoy en día.

Creo necesaria una aclaración respecto a dos términos que tienden a ser confundidos: la creencia y la fe. Pese a que en apariencia sus significados puedan rozarse las manos, estas son inmediatamente separadas por la incertidumbre. La creencia es una respuesta temerosa ante lo incierto. En cambio, la fe es la escucha a «una llamada desconcertante», que diría Nancy, con resignación. La fe es la entrega sin causa. La ausencia de narrativa. Seguir aquello que no tiene explicación; lo incomprensible, lo inconmensurable, lo irracional... lo imposible. Seguir a Dios, sin saber qué es exactamente Dios. Seguir la voz de Dios, sin escuchar nítidamente su voz. La resignación frente al destino. Sumergirse en el dolor sin preguntarse «para qué». Dejarse enajenar por el exceso, superando la angustia que precede a los deseos más inconfesables... Tal vez —y no dudo en decir que no lo sé— a esto se refería Kierkegaard cuando reconocía la grandeza de batallar contra Dios. ¿Es compatible, entonces, la fe con la vida real? No, a todas luces. La fe choca de bruces con el pragmatismo de la vida ordinaria. He aquí el misterio de vivir que padecieron las grandes místicas: ¿por qué vivir si solo puedo vivir en el morir?

Disculpen esta *pequeña* digresión, pero la he creído necesaria para presentar el proyecto. Es mi intención, por tanto, con la creación de esta compañía, apostar por el sentido litúrgico del teatro para recuperar la comunicación con un *más allá* indescifrable. Así como en el resto de las expresiones artísticas, el teatro permite suspender las prohibiciones ancestrales —y también modernas, e incluso las posmodernas—, creando un espacio para la transgresión, la cual revele el impulso violento que sacude el interior del ser humano. Creo en un arte que permita desarrollar la experiencia religiosa, que no es sino la propia experiencia humana: el amor frente al miedo, el deseo frente a la prohibición, la angustia como camino hacia un conocimiento *más allá*...

¿Cuál es el objetivo de esto?

No voy a negar que anhelo creer en un arte libre de objetivos, de finalidades y de cualquier expresión del pragmatismo, pero nuestra existencia terrena nos determina hasta tal punto, que hasta la escenificación de lo absurdo que emerge fruto de un acto de fe absoluta toma un sentido en el escenario. Angélica Lidell —más que un referente, un amor— defiende tanto en su obra como en su discurso que la violencia estética de la transgresión es un cortafuego contra la violencia real, puesto que la enajenación que esta necesita no es compatible con la conciencia de la estética. El espectador toma conciencia —a pesar de que no es mi intención concienciar a nadie— de la posibilidad de la destrucción como una afirmación de su imposibilidad.

Yo, como artista, anhelo lo imposible. La única vía de escape ante tal frustración se halla en el círculo ritual, donde tengo la oportunidad de entregarme en sacrificio a los designios del destino a través de la fe, como un vehículo revelador de la verdad humana, para tratar de tocar con la mano a Dios. Aunque este, en el último momento, siempre se aparta y dice: «*Noli me tangere*».

ÍNDICE

Este libro se terminó de editar en Granada
en octubre de 2024 por

Aliarediciones

www.aliarediciones.es
info@aliarediciones.es